LIBÉLULAS
DRAGONFLIES

INSECTOS (Descubrimientos)
INSECTS DISCOVERY LIBRARY
Jason Cooper

Rourke Publishing LLC
Vero Beach, Florida 32964

www.rourkepublishing.com

PHOTO CREDITS: All photos © Lynn M. Stone except p. 19 © James P. Rowan

Title page: Las alas de una libélula están cubiertas de rocío.

Library of Congress Cataloging-in-Publication Data

Cooper, Jason, 1942-
  [Dragonflies. Spanish/English Bilingual]
  Libélulas / Jason Cooper.
    p. cm. -- (Insectos (descubrimientos))
  Includes bibliographical references and index.
  ISBN 1-59515-652-6 (hardcover)
  1. Dragonflies--Juvenile literature.

Impreso en los Estados Unidos

CG/CG

Rourke Publishing

www.rourkepublishing.com – sales@rourkepublishing.com
Post Office Box 3328, Vero Beach, FL 32964

1-800-394-7055

CONTENIDO/TABLE OF CONTENTS

Libélulas

Las libélulas son como un arco iris con alas. Las libélulas son **insectos** grandes y coloridos. En el pasado, había personas que creyeron que se parecían a los dragones de cuentos y **leyendas**.

Dragonflies

Dragonflies are big, colorful **insects**. They are not named for their beauty. They are named for the fierce, flying dragons of **legend**.

Las libélulas son insectos grandes y coloridos que vuelan rápidamente.

Dragonflies are like rainbows with wings.

Las libélulas son **predadoras**. Animales predadores se comen a otros animales. Las libélulas se comen a otros insectos.

Hay 6,000 clases de libélulas.

Dragonflies are **predators**. Predators eat other animals. Dragonflies eat other insects.

Dragonflies are close cousins of damselflies. There are 6,000 kinds of dragonflies and damselflies.

Esta libélula sabe balancearse.

A dragonfly waits on a perch.

Esta libélula está mojada con rocío.

This damselfly is wet with morning dew.

¿Supiste tú?

Las libélulas tienen varios nombres como flechas, sacaojos, caballitos del diablo, candil, y mosca de agua.

Did You Know?

Dragonflies are called skimmers, darters, chasers, and "darning needles."

Mirando a las Libélulas

Los cuerpos de las libélulas pueden ser un rojo o verde brillante. También pueden ser azules o de otro color. Las alas de las libélulas son casi completamente transparentes, como envoltura de plástico.

Looking at Dragonflies

Dragonflies' shiny bodies may be bright green or red. They may be blue or another color. Dragonfly wings are all or partly clear.

Una libélula verde con alas claras aterriza en una planta en Florida.

A green clearwing dragonfly lands on a swamp lily.

El cuerpo de una libélula tiene tres partes principales. Tiene una cabeza con dos ojos grandes. Tiene un **tórax**, y tiene un **abdomen** largo y delgado.

El tórax es la parte del medio. Sus seis patas y cuatro alas salen del tórax.

A dragonfly body has three main parts. It has a head with two large eyes. It has a **thorax**. It has a long, slender **abdomen**.

The thorax is the middle part. A dragonfly's six legs and four wings grow from the thorax.

Las tres partes principales del cuerpo de una libélula de arriba hacia abajo: la cabeza, el tórax, y el abdomen.

A dragonfly's three major body parts from top to bottom: head, thorax, and abdomen.

Comida de las Libélulas

Las libélulas vuelan rápidamente por el aire para cazar a otros insectos voladores. Algunas clases de libélulas cazan a su **presa** en la tierra.

Sapos, ranas, peces y pájaros comen libélulas.

Dragonfly Food

Dragonflies **zigzag** speedily through the air to catch flying insects. A few kinds of dragonflies catch their **prey** on the ground.

Toads, frogs, fish, and birds dine on dragonflies.

Bullfrogs are predators of dragonflies.

Las ranas son predadoras de las libélulas

Donde Viven las Libélulas

Libélulas viven en todo el mundo excepto en lugares muy, muy fríos. Casi todas las libélulas viven en países muy calurosos.

Where Dragonflies Live

Dragonflies live all over the world except in very, cold places. Most kinds of dragonflies live in very warm countries.

This damselfly lives in the warmth of Central America.

Esta libélula vive en el calor de Centroamérica.

Las libélulas viven cerca del agua. Les gustan los lagos y pantanos. También les gustan las cascadas y charcos.

Dragonflies live near water. They like lakes and marshes. They also like waterfall pools and ponds.

Esta libélula vive en un pantano. Está "vibrando" sus alas para calentarse para poder volar.

This dragonfly lives in a marsh.

Libélulas Pequeñas

Las libélulas depositan sus huevos en o sobre el agua. Las libélulas pequeñas llamadas **ninfas** nacen de los huevos. Las ninfas viven y atrapan animalitos en el agua.

Young Dragonflies

Dragonflies and damselflies lay their eggs on or in water. Baby dragonflies called **nymphs** hatch from the eggs. Nymphs live and hunt in the water.

Una libélula deposita sus huevos en una planta acuática.

A damselfly lays her eggs.

Las alas de esta ninfa de libélula apenas comienzan a crecer.

This dragonfly nymph's wings have just begun to grow.

Algunas clases de libélulas son ninfas por sólo algunos días, pero ¡otras son ninfas hasta por seis años! Las ninfas crecen para convertirse en libélulas adultas.

Some kinds of dragonflies are nymphs for just days. Others are nymphs for up to six years! Nymphs grow into adult dragonflies.

Las ninfas de las libélulas se convierten en libélulas adultas.

Dragonfly nymphs become adult dragonflies.

GLOSARIO/GLOSSARY

abdomen (ab DOH men) — es la tercera parte más grande de un insecto después de la cabeza y el tórax
abdomen (AB duh mun) — the third main part of an insect after the head and thorax

insectos (in SEK toz) — animales pequeños con seis patas que no tienen huesos
insects (IN SEKTZ) — small, boneless animals with six legs

leyenda (leh YEN dah) — una historia que ha venido del pasado
legend (LEJ und) — a story that has come down from the past

ninfas (NIN fahz) — una etapa juvenil en la vida de ciertos insectos, antes de que se convierten en adultos
nymphs (NIMFZ) — a young stage of life in certain insects, before they become adults

predadoras (preh dah DOH raz) — animales que cazan a otros para comida
predators (PRED uh turz) — animals that hunt other animals for food

presa (PREH zah) — cualquier animal cazado y comido por otro animal
prey (PRAY) — any animal caught and eaten by another animal

tórax (TOH raks) — la segunda parte más grande del cuerpo de un insecto después de la cabeza y antes del abdomen
thorax (THOR aks) — the second main body part of an insect after the head and before the abdomen

Algunas libélulas sólo parecen agujas que vuelan, pero no causan daño a la gente.

Damselflies are harmless to people.

INDEX

Lecturas adicionales/Further Reading

Morris, Tim. *Dragonfly*. Smart Apple Media, 2004
Pringle, Laurence. *Dragon in the Sky: The Story of a Green Darner*. Scholastic, 2001

Páginas en el internet/Websites to Visit

http://dragonflywebsite.com
http://web.ukonline.co.uk/coner/pond-dip/dragonflies.htm

Acerca del Autor/About the Author

Jason Cooper ha escrito muchos libros infantiles para Rourke Publishing sobre una variedad de temas. Cooper viaja a menudo para recolectar información para sus libros.

Jason Cooper has written many children's books for Rourke Publishing about a variety of topics. Cooper travels widely to gather information for his books.

14.95